CPSIA information can be obtained
at www.ICGtesting.com
Printed in the USA
BVHW011529020321
601388BV00002B/202

9 781716 075346